LA FRANCE

RÉGÉNÉRÉE

PAR LA LIBERTÉ

PAR

E. H. FREEMAN

—

5 centimes.

—

PARIS

LIBRAIRIE DÉMOCRATIQUE

33, RUE MONTMARTRE, 33

—

1872

LA FRANCE

RÉGÉNÉRÉE

PAR LA LIBERTÉ

L'idée que nous allons exposer est née des réflexions que nous a inspirées la guerre de 1870, si désastreuse pour la France. Il nous a paru impossible qu'un grand pays comme le nôtre, au moment où il paraissait tenir le premier rang entre les nations, pût être abattu si rapidement, sans qu'un mal profond n'ait altéré sa vitalité ; nous avons voulu étudier ce mal, en rechercher l'origine et l'étendue, y proposer un remède.

Dans son message à l'assemblée nationale, du 14 septembre 1871, M. Thiers signalait des ruines à relever de toutes parts et des tâches inachevées à accomplir, dont la première est de sortir la France de l'abîme de désorganisation politique et économique où elle est tombée.

Le mal est grand, en effet, car il n'y a pas que des ruines matérielles à relever ; les ruines morales sont plus considérables encore ; c'est dans l'ordre moral que se rencontre la tâche dont l'achèvement est le plus urgent ; le concours et la volonté de tous sont nécessaires pour faire disparaître les causes qui ont amené une telle désorganisation. Quelles sont donc ces causes ?

Il faut remonter jusqu'à l'époque de l'établissement de la monarchie absolue en France pour trouver l'origine du mal qui nous dévore aujourd'hui ; il faut s'arrêter surtout au règne de Louis XIV, qui a exagéré à un tel point l'autorité du pouvoir central qu'il a pu dire avec vérité : « l'Etat c'est moi. »

Il semblait que la destruction de la féodalité dût profiter à la liberté ; il n'en fut rien : la monarchie absorba tout ce qu'elle enlevait au pouvoir féodal, et elle ravit à la bourgeoisie, aux villes et aux communes toutes les franchises que celles-ci avaient habilement conquises à travers les dissensions des deux pouvoirs rivaux. Ce fait explique pourquoi le tiers-Etat et la Royauté, après avoir été unis pendant six siècles, étaient si profondément séparés lors de la Révolution de 1789.

La Révolution aurait dû détruire la centralisation, malheureusement il n'en fut pas ainsi. Les hommes qui fondèrent notre première république crurent consolider leur œuvre en faisant disparaître tout ce qui pouvait rappeler la monarchie, ils détruisirent en même temps tout ce qui faisait contrepoids au pouvoir royal et lui servait de barrière. Leur principale préoccupation fut d'unifier la France, mais ils confondirent l'unité politique et l'unité administrative ; le grand mouvement d'idées qui avait signalé le dix-huitième siècle fut oublié ; sous la pression des événements, les républicains ne tinrent pas assez compte de la liberté sans laquelle cependant on ne saurait rien fonder de durable, et dont Voltaire disait avec raison qu'elle est la santé de l'âme. Ils avaient trouvé les communes placées sous la tutelle du roi ; au lieu de les affranchir, ils les placèrent sous la tutelle du pouvoir central. Depuis cette époque, toutes les constitutions ont consacré cette iniquité, et les attributions du pouvoir se sont accrues sans cesse ; au lieu d'être la résultante des forces sociales, le gouvernement a eu sa vie propre, ses intérêts particuliers, trop souvent différents de l'intérêt général ; et par un phénomène bizarre, ce pouvoir si fortement centralisé s'est divisé en diverses branches, en ministères qui forment eux-mêmes comme autant de pouvoirs indépendants les uns des autres, souvent rivaux, jaloux de leurs attributions respectives et dépensant en des conflits une activité qui devrait être employée exclusivement à la bonne et prompte expédition des affaires publiques.

Depuis quatre-vingts ans, nous roulons périodiquement de révolution en révolution ; à chaque nouvelle secousse, on répète qu'il faut au pays un pouvoir fort, une main ferme, et bientôt cette main ferme, ce pouvoir fort sont impuissants à diriger le navire, parce qu'ils ne s'appuient sur aucune base solide, que l'excès d'autorité dans un gouvernement est contraire au droit du peuple, et que la justice et la liberté revendiquent promptement leurs droits méconnus ou violés.

Tous les esprits les plus pratiques condamnent la centralisation française : M. Guizot, désabusé par l'expérience, reconnaît qu'elle ne suffit plus aujourd'hui aux besoins dominants et aux périls de notre société ; suivant le Père Ventura, c'est la question qui maintient dans presque toute l'Europe cet état de malaise pour le présent et d'alarmes pour l'avenir, que peuples et rois sentent également sans le comprendre et qui les pousse également à leur perte. C'est à la centralisation que d'autres hommes d'Etat attribuent le dépeuplement des campagnes, l'excès de population de Paris et des grandes villes, la décadence de l'agriculture, la nécessité des armées permanentes et de cette armée de cinq cent mille fonctionnaires, charge sans compensation, sans avantage aucun pour le pays, pour le pouvoir, ni même pour l'immense majorité de ces pauvres déclassés qui végètent dans la poussière des bureaux, voués à un travail stérile et dont les bras et l'intelligence seraient si utiles à l'agriculture, au commerce et à l'industrie ; c'est à elle encore qu'il faut attribuer l'accroissement continuel du budget, et surtout l'égoïsme et l'indifférentisme politique, le pire de tous les fléaux qui affligent une nation, car un peuple est bien près de périr quand les citoyens en arrivent à séparer leurs intérêts de ceux de la patrie. Et cette conséquence désastreuse est inévitable quand un gouvernement est constitué de telle façon qu'il confisque et absorbe à son profit toutes les libertés les plus essentielles; car il n'y a plus de devoirs pour les citoyens là où il n'y a pas de droits; il n'y a pas de responsabilité là où il n'y a pas de liberté.

Par quelle étrange pertubation, par quel oubli des principes les plus simples du droit naturel, le peuple qui se dit le plus spirituel du monde, qui a la prétention d'être toujours à l'avant-garde du progrès, d'être l'initiateur de l'humanité, renonce-t-il à se gouverner lui-même? Soit par légèreté, soit par insouciance, il abdique ses droits les plus chers entre les mains du pouvoir, quel qu'il soit, ou se les laisse arracher sans se plaindre, sauf à jeter bas ses idoles, de temps en temps, pour en prendre d'autres qui suivent exactement les mêmes errements et n'ont souci que de s'attribuer la plus grande somme possible d'autorité. Et l'on s'étonne de la fréquence de nos révolutions, quand on devrait bien plutôt s'étonner de ne pas voir la révolution en permanence dans notre pays. La première République, le premier Empire, la Restauration, le gouvernement de Juillet, la seconde République, le second Empire s'établissent et disparaissent successivement; un nouveau gou-

vernement est institué qui s'appelle provisoire=
ment république, comme si cette qualification
avait l'avantage de ne rien signifier ; et, après
tous ces bouleversements, le nom seul du pouvoir est changé, la machine gouvernementale est
toujours exactement la même ; on s'en prend
uniquement au mécanicien, sans songer ou
paraître songer que le mécanisme même pour-
rait bien être défectueux. C'est pourtant ce qui
a lieu, c'est la machine qui est organisée
contrairement aux véritables lois de la méca-
nique sociale, et bien que ce fait soit démontré jusqu'à l'évidence, c'est le mauvais instrument seul qu'on s'obstine à conserver in-
tact. Qu'importe, dès lors, que le conducteur
de la machine s'appelle roi, empereur ou pré-
sident de république, si l'étiquette seule est
changée et si le système reste identiquement le
même ! On comprend pourtant cette persis-
tance dans le mal, quand on considère que
toute l'initiative, par suite de notre organisation
politique, doit venir d'en haut : le pouvoir a
tant de charmes pour ceux qui l'exercent, il les
aveugle à un tel point que, loin d'en abandon-
ner la moindre parcelle, ils ne se préoccu-
pent, au contraire, que de l'augmenter, ne
voyant pas qu'ils travaillent contre la stabilité
de l'autorité dont ils sont revêtus, car ils font
ainsi du pouvoir un objet de convoitise, et il
arrive forcément, après un temps plus ou moins
long, qu'ayant contre eux, d'une part, les

masses mécontentes, parce que ce sont elles qui souffrent le plus des abus qu'elles voient se perpétuer et survivre à tous les régimes, et, d'autre part, toutes les ambitions déçues qui veulent, à leur tour, jouir des douceurs et des avantages de la puissance, ils tombent honnis, exécrés pour le moment, sauf à reparaître plus tard, lorsque, comme il arrive trop souvent, ceux qui les ont remplacés ont commis des fautes qui font oublier les leurs.

L'ennemi de tout bien, de tout progrès en France, c'est l'excès de pouvoir entre les mains du gouvernement, c'est la CENTRALISATION; voilà ce qu'il faut combattre sans cesse et détruire à tout prix, si nous voulons que notre pays reprenne son rang et son influence dans le monde.

Quand M. Thiers signalait des ruines à relever et des tâches inachevées à accomplir, il n'indiquait qu'une partie de la mission du gouvernement et ne disait rien de celle bien plus importante qui incombe au pays, à savoir de restreindre le rôle du pouvoir central, de le limiter à ce que l'individu, la commune, le département ne peuvent pas faire seuls, et de rendre à l'individu, à la commune, au département le droit qu'on leur a injustement enlevé de faire en toute liberté tous les actes qui n'affectent pas d'autres intérêts que les leurs. On sait combien le système qui régit la France, depuis quatre-vingts ans surtout, diffère de ces principes si simples et si naturels.

Et qu'on ne dise pas que cette restriction du pouvoir à ce que commande la justice serait un danger; le danger est dans le maintien du *statu quo*, comme l'attestent surabondamment les révolutions qui bouleversent la France à des périodes si rapprochées, et dont il faut enfin fermer le cycle. En enlevant au pouvoir central les attributions multiples qui ne font qu'entraver sa marche, on lui donnera une mission d'autant plus élevée qu'elle sera plus nettement caractérisée, et il gagnera en stabilité et en force réelle ce qu'il aura perdu en étendue.

Les événements de la dernière guerre ont démontré combien cette France sans institutions municipales, sans esprit public et ne vivant en quelque sorte que de la vie de Paris, était incapable de repousser l'invasion de barbares qu'elle a subie. Habituée à suivre en toutes choses l'impulsion du pouvoir central et de ses agents, quand, par suite de l'investissement de la capitale, toutes relations eurent cessé entre elle et la province, celle-ci ne recevant plus ses instructions de Paris, se trouva comme affolée, incapable de rien faire par elle-même et, surtout, de concerter une action commune. Il semblait que tout sentiment de solidarité entre les diverses parties du territoire fût anéanti; sans doute, il se trouva des hommes de cœur qui donnèrent l'exemple du courage et du dévouement au pays; mais que pouvaient des résistances isolées contre les masses allemandes?

Et loin d'imiter ces hommes de courage, il est triste de le dire, le plus grand nombre parut ne songer qu'à sauvegarder ses intérêts particuliers; de là des actes de faiblesse condamnés par l'esprit de patriotisme; de là, au moins en partie, l'insuccès des efforts de M. Gambetta pour organiser des armées de secours et aider à la délivrance de Paris. Si toute la France eût suivi l'exemple de Strasbourg, Toul, Belfort, Châteaudun, l'issue de la guerre eût été certainement différente. Il faut rendre à Paris cette justice que sa population sut se montrer à la hauteur de la situation, pleine de courage et d'abnégation pendant cinq longs et rudes mois de siége; certes, il n'a pas dépendu d'elle que la résistance ne fût pas couronnée de succès. Or, comme cet élan du peuple de Paris a été tout spontané et que l'action gouvernementale n'y a été pour rien, n'est-on pas en droit d'en conclure qu'il y a dans les agglomérations de citoyens une force qui, bien dirigée, est capable de relever l'esprit public et de réparer bien des désastres; mais il ne faut pas songer à exiger de tels efforts de populations énervées par les excès d'une centralisation telle qu'elle ne peut aboutir qu'à un despotisme brutal ou au communisme.

« Les citoyens, dit le Dante, ne sont pas faits pour les consuls, ni la nation pour le roi, mais, au contraire, les consuls sont faits pour les citoyens et le roi pour la nation; et de là il suit que, quoique le consul et le roi soient, par rapport à la voie, les seigneurs des autres, néanmoins, par rapport au terme, ils sont leurs ministres, et c'est surtout le monarque qui doit être le ministre de tous. » Principes d'une justesse incontestable et qui n'ont besoin que d'être exposés pour être compris de tous. Combien cependant nous en sommes loin! Nos constitutions proclament que la souveraineté réside dans l'universalité des citoyens, mais soit individuellement, soit collectivement, ces citoyens ne peuvent pas l'exercer, semblables à ces rois constitutionnels qui règnent et ne gouvernent pas. Le pauvre souverain doit déléguer son autorité, et ses mandataires deviennent aussitôt les maîtres de ses destinées; ils pensent et agissent pour lui, ils lui imposent leur volonté, ils lui mesurent la liberté, et il n'a pas le droit de leur rappeler que le mandat n'existe que par le bon vouloir du mandant, que le mandataire ne peut rien faire au delà de ce qui est porté dans son mandat, le pouvoir de transiger ne renfermant pas celui de compromettre (art. 1989 du code civil); enfin que celui qui l'a donné peut toujours y mettre fin, le révoquer, le reprendre.

Donc, quels que soient les dépositaires du mandat du peuple, et quelle que soit la forme du gouvernement, républicaine ou monarchique, ce qu'il faut respecter avant tout, à peine de forfaiture, c'est la liberté des citoyens; agir autrement, c'est usurper : l'usurpation est un fait;

elle ne peut constituer un droit, et comme elle repose sur une violation de la justice, elle est condamnée à périr tôt ou tard par ses propres excès. C'est ce qui arrive aujourd'hui à la centralisation ; elle ne peut plus diriger parce qu'elle a voulu tout embrasser ; le moment est arrivé de faire disparaître cette monstruosité qui place la France au dernier rang des pays libres.

Et pour reconstituer notre pays sur des bases qui garantissent à la fois et la liberté des citoyens, et la force morale, et la stabilité du gouvernement, que devons-nous donc faire ? Nous l'avons indiqué plus haut : rendre à chacun ses véritables attributions et ses droits méconnus ou dépassés. Au département et à la commune, à la commune surtout *unité réelle, palpable, pratique*, le droit de s'administrer en toute liberté; au gouvernement, la direction générale, les relations extérieures, le contrôle.

La commune libre, autant du moins que cette liberté est compatible avec l'intérêt général, doit être la première comme elle est la plus importante de nos institutions politiques ; c'est par elle qu'il faut commencer l'édifice social : sans communes libres, un pays, si grand qu'il paraisse, n'a que l'apparence de la force.

L'espace nous manque ici pour examiner et y répondre toutes les objections que les partisans de la centralisation opposent à l'administration des communes par elles-mêmes ; nous discuterons ces objections dans un travail spécial. Quant à présent, nous nous bornerons à demander si les bureaux d'un ministère ou d'une préfecture sont plus intelligents pour statuer sur les affaires communales que les citoyens intéressés directement à ce que ces affaires reçoivent la meilleure solution. Tant qu'on n'aura pas prouvé, et c'est impossible, que l'administration centralisée fait mieux que les citoyens eux-mêmes, on n'aura pas expliqué ces empiétements continuels sur leurs droits, qui sont la plus flagrante des iniquités, car la liberté est le droit commun, elle ne peut être octroyée par le pouvoir, celui-ci, au contraire, est tenu de justifier par l'intérêt général, les restrictions qu'il veut être autorisé à y apporter.

Regardons ce qui se passe presque partout en Europe : nulle part nous ne voyons cette centralisation énervante et démoralisatrice dont on a vainement voulu faire un titre de gloire pour la France en disant que l'Europe nous l'enviait. Nos voisins nous l'envient si peu qu'ils ont eu la sagesse de n'y pas recourir ; partout autour de nous, les communes s'administrent elles-mêmes : en Belgique, en Angleterre, en Allemagne, en Italie, en Suisse, etc. ; le peuple français est-il donc tellement arriéré qu'il ne puisse faire ce qui se fait chez les autres nations ? Personne ne voudrait l'admettre, et s'il en était ainsi réellement, ce serait le plus grave des griefs contre les gouvernements qui nous auraient conduit à cet état d'abaissement moral, et ce serait un motif de plus pour sortir au plus vite de cette voie funeste.

Dans la commune libre, le citoyen apprend non-seulement à connaître ses droits, mais aussi à pratiquer ses devoirs; quand par la pratique des affaires, il sera instruit des uns et des autres, on ne verra plus cet indifférentisme qui nous désole et nous ronge et que constatent les abstentions de plus en plus nombreuses dans toutes les élections. Le suffrage universel au lieu de n'être, comme aujourd'hui, qu'un instrument de révolution, deviendra une réalité, une force, parce qu'il sera l'expression sincère des vœux et de la volonté du pays. Les révolutions deviendront sans objet, le jour où les citoyens seront les seuls maîtres de leurs destinées, les budgets qu'on ne peut parvenir à équilibrer, décroîtront successivement, la dette publique s'éteindra, et alors on n'emploiera plus qu'à des dépenses productives, ces capitaux immenses qui sont engloutis chaque année dans les dépenses les moins profitables, au grand détriment de l'agriculture, du commerce et de l'industrie. La liberté fera ce que la centralisation n'a pas su faire par sa réglementation excessive qui fait de notre société moderne un véritable état d'esclavage, comme le dit Lamennais.

A une république, il faut des institutions républicaines : constituons la commune libre, si nous voulons fonder et conserver la République.

BROCHURES A CINQ CENTIMES

    PARIS. — IMP. VICTOR GOUPY, RUE GARANCIÈRE, 5.